W9-AZS-327

¿Qué hay dentro de mí?
El estómago

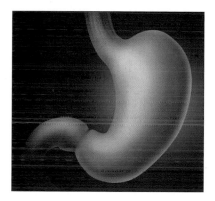

Dana Meachen Rau

mc **Marshall Cavendish**
Benchmark
Nueva York

3/07

El estómago

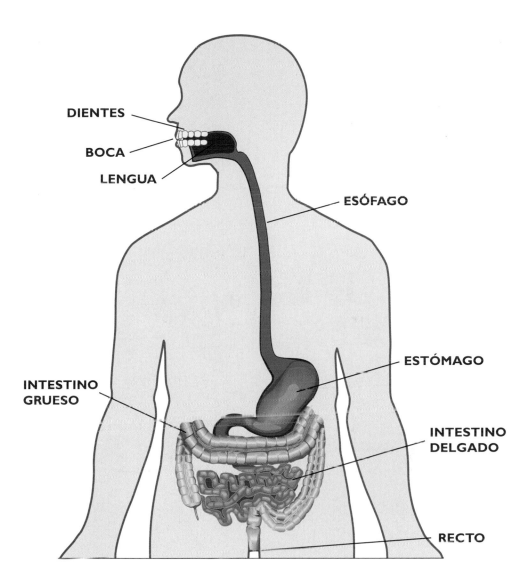

DIENTES

BOCA

LENGUA

ESÓFAGO

ESTÓMAGO

INTESTINO
GRUESO

INTESTINO
DELGADO

RECTO

3

¿Qué trajiste hoy de merienda? El pan integral con mantequilla de maní siempre es rico. Las zanahorias están crujientes. La leche es una bebida saludable.

Tu cuerpo necesita comida para crecer. La comida te da *energía*.

Los alimentos te mantienen el cuerpo fuerte y sano.

Te alimentas todos los días. La comida entra por la boca. Los *residuos* de la comida que comes salen de tu cuerpo cuando vas al baño.

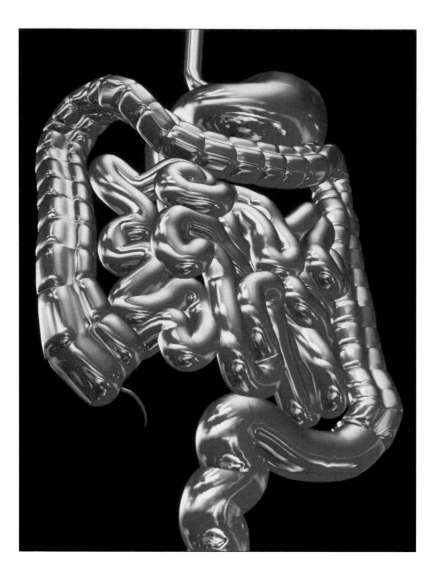

Pero, ¿qué pasa con la comida mientras está dentro de tu cuerpo?

La comida hace un largo viaje por tu cuerpo recorriendo el *sistema digestivo*.

El estómago es una parte importante del sistema digestivo. Convierte la comida en *nutrientes* que las diferentes partes de tu cuerpo usan.

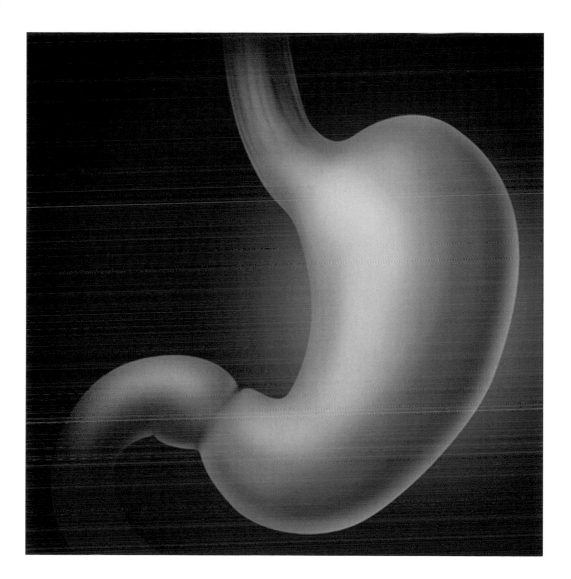

14

Pones comida en tu boca, los dientes la mastican, y la *saliva* mezcla la comida y la ablanda.

Luego, *tragas*. Tu lengua empuja la comida hacia tu garganta.

La comida baja por un tubo llamado *esófago*. Este tubo lleva la comida al estómago.

El estómago es como una bolsa que contiene la comida.

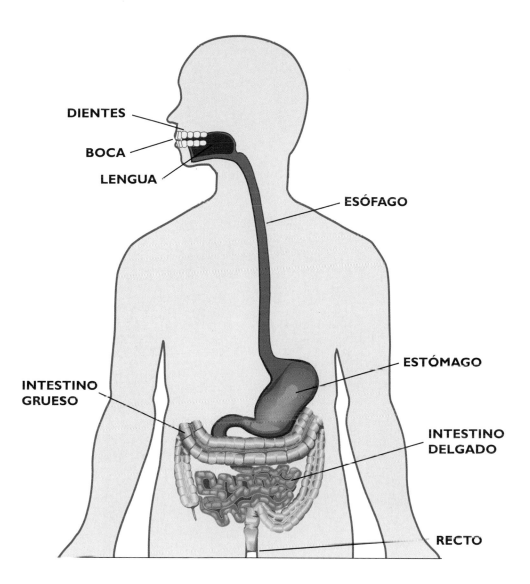

DIENTES

BOCA

LENGUA

ESÓFAGO

ESTÓMAGO

INTESTINO GRUESO

INTESTINO DELGADO

RECTO

El interior del estómago es arrugado. Mientras más comes, más se agranda tu estómago.

Estás lleno o llena cuando hay mucha comida en tu estómago.

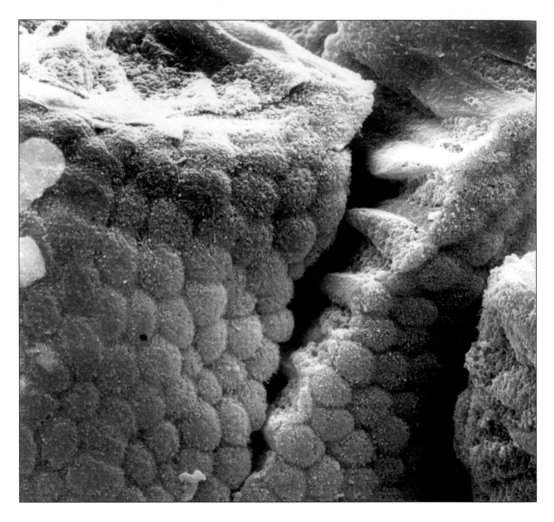

El estómago por dentro

El estómago es muy fuerte. Se mueve para deshacer la comida en pedacitos, mientras que los jugos del estómago la ablandan.

La comida, que está llena de nutrientes, se convierte en una sopa espesa.

La comida se queda en tu estómago por unas tres horas. Luego, el estómago la empuja por otro tubo llamado *intestino delgado*.

El intestino delgado es muy largo y fino. Se enrolla dentro de tu cuerpo.

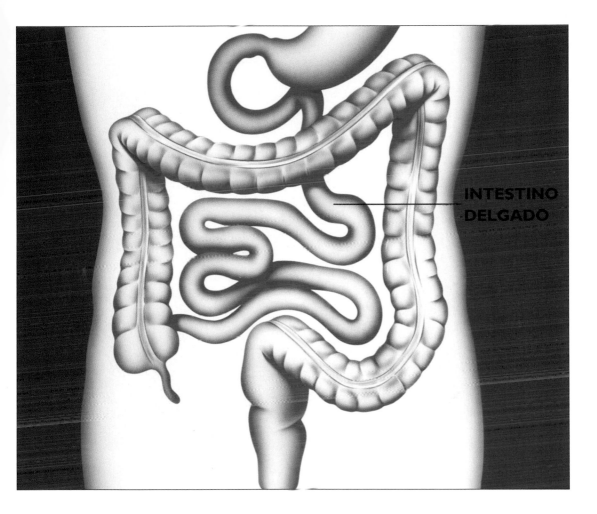

INTESTINO DELGADO

23

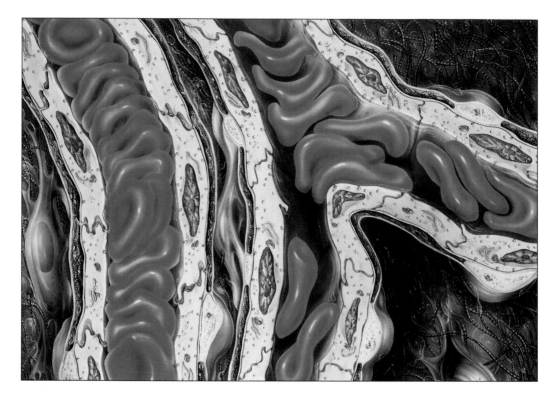

La sangre viaja por el cuerpo

Los nutrientes van del intestino delgado a la sangre.

La sangre viaja por todo el cuerpo. Lleva nutrientes a las partes del cuerpo que los necesitan.

El intestino delgado termina en otro tubo llamado *intestino grueso*.

El intestino grueso se deshace de la comida que tu cuerpo no necesita. Los residuos viajan por el intestino grueso hacia el recto. Luego, los residuos dejan tu cuerpo por una abertura.

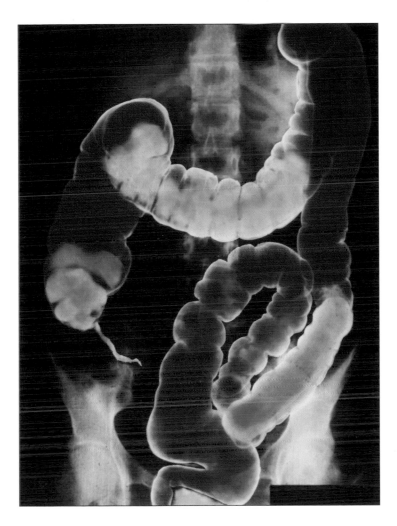

Rayos X del intestino grueso

Necesitas comer alimentos
buenos todos los días.

La comida saludable hace que
tu cuerpo esté sano.

Palabras avanzadas

energía Lo que el cuerpo necesita para estar activo.

esófago El tubo que conecta la boca con el estómago.

intestino delgado El tubo largo que lleva los nutrientes a la sangre.

intestino grueso El tubo que conecta el intestino delgado con el recto.

nutrientes Las sustancias de la comida que el cuerpo necesita para mantenerse sano.

recto Donde termina el intestino grueso.

residuo La parte de la comida que el cuerpo no necesita.

saliva La sustancia en tu boca que ablanda la comida.

sistema digestivo El conjunto de órganos por donde viaja la comida.

tragar Mover la comida de la boca al esófago.

Índice

Las páginas indicadas con números en **negrita** tienen ilustraciones.

Agradecemos a las asesoras de lectura
Nanci Vargus, Dra. en Ed., y Beth Walker Gambro.

Marshall Cavendish Benchmark
99 White Plains Road
Tarrytown, New York 10591-9001
www.marshallcavendish.us

Library of Congress Cataloging-in-Publication Data

Rau, Dana Meachen, 1971–
[My stomach. Spanish]
El estómago / edición en español de Dana Meachen Rau.
p. cm. — (Bookworms. ¿Qué hay dentro de mí?)
Includes index.
ISBN-13: 978-0-7614-2407-9 (edición en español)
ISBN-10: 0-7614-2407-5 (edición en español)
ISBN-10: 0-7614-1782-6 (English edition)
1. Stomach—Juvenile literature. 2. Gastrointestinal system—Juvenile literature. 3. Digestion—Juvenile literature.
I. Title. II. Series: Rau, Dana Meachen, 1971– Bookworms. ¿Qué hay dentro de mí?

QP151.R3818 2006
612.3'2—dc22
2006015895

Traducción y composición gráfica en español de Victory Productions, Inc.
www.victoryprd.com

Investigación fotográfica de Anne Burns Images

Fotografía de la cubierta de Corbis: exenta de regalías

Los permisos de las fotografías utilizadas en este libro son cortesía de:
Custom Medical Stock Photo: pp. 1, 13, 20. Jay Mallin: p. 2. Corbis: p. 4 Charles Gupton; p. 6 Bob Winsett; p. 7 David H. Wells; p. 9 Norbert Schaefer; p. 14 Richard Gross; p. 18 Christoph Wilhelm; p. 28 LWA-Sharie Kennedy; p. 28 Ed Bock. Photo Researchers: p. 10 Alfred Pasieka; p. 23 John Bavosi; p. 24 Medical Art Service; p. 27 CNRI.

Diseño de la serie de Becky Terhune

Impreso en Malasia
1 3 5 6 4 2

DUE DATE